Entropías

A la memoria de Carmen Corrales
y Kevin Carmona

Ser para el tiempo

Vivo con mi cuerpo físico en el espacio (en una parte del espacio), reflexiono sobre un momento acontecido en el tiempo y hablo de ello mediante el lenguaje. Espacio, tiempo y lenguaje probablemente no son intercambiables entre sí, aunque a veces lo parece. No son pensables uno sin otro, y lo digo de una manera totalmente literal.

CEES NOOTEBOOM

Cantar y pensar son los troncos cercanos del poetizar.
Crecen del ser y se alzan hasta tocar su verdad.

MARTIN HEIDEGGER

TRISTES

Los amorosos se avergüenzan de toda conformación.
JAIME SABINES

Su religión es mirar las estrellas para sentirse diminutos.
Sentir que la noche fue escrita para ellos
es su consuelo matutino.
Los tristes hablan con la lluvia
entre cafés y ronroneos.
Navegan sin historia. No saben mentir.
Tienen los ojos tristes
porque le han tomado cariño a la nostalgia.

Los tristes van a al cine solos
y no comen palomitas.
Hacen el amor en las montañas rusas
y les tiemblan las ideas.

Leen a solas.
Escriben cartas a mano.
Hacen muecas frente al espejo para disimularse.

Los tristes no saben olvidar. No creen en mariposas.

Escapan de los relojes

y tienen la letra horrible.

Son tristes:

se avergüenzan de toda conformación.

LA TARDE

Todo lo cercano se aleja.
GOETHE

Miras el declive de la tarde. Miras mi mano entre tus manos.
Miras el presente; esta ficción que será
otra forma del pasado.

Allá afuera, donde el frío es el más común de los secretos,
la oscuridad se apropia de cada instante,
de cada yugo, de cada uno de los rostros de este mundo.

No es ahora. Todavía no.
Aún no distingo la luna entre tus ramas.

Una hora y poco más; una vida.
Mientras el declive de la tarde,
su pena y su retorno nos envuelven.

Miras así mi mano entre tus manos
y es una sola memoria nuestro único refugio

y es el último destello de este día

la primera señal de lo que fuimos.

Escombros

Sin reclamos, me uno a este espacio vacío.

Concentro mi tacto entre tu voz y mi herida.
Lo que antes era el amor, ahora es la puerta,
estas ganas de sentir el perfume de aquel sueño,
otra vez,
recuperar la caricia que bebía de tu sexo,
la desgarradora luz que se desvanece
al entrar en mis ojos.

Solo nos quedan los gestos:
El balance interminable de las horas,
un presentimiento del olvido que aún no llega;
dos habitaciones sin retratos.

Todo lo que nos fue dado es un instante,
el recibimiento de tu mano en mi pecho
y quizá algo más.

Del que cruza cualquier desierto

Estaba dicho que no habría lugar y no lo hubo.
Lina De Feria

Aquellos que caminaron en el abismo
colocaron sus huesos en el umbral de mi aliento.
Los demás me traen ideas rotas, solamente.
¿Dónde encontraré refugio
si todo lo que existe me conoce?

La juventud me pesa.
La inocencia es apenas visible,
no la alcanzo.
El olvido, ¿qué espera de mi nombre?
El frío a punto de carcomer mi lecho.

La melodía se ha perdido; sus gestos, su agitada brújula,
se perdieron en ese abismo
que nos arrastra sin permitirnos recordar.
¿Y para qué recordar?
Si el amanecer llega tarde y la tarde tiembla y descansa.

Nos reuniremos con las horas. Dicen.

Nos reuniremos con las horas

y esas manos no estarán sobre mi pecho.

Y yo no estaré,

para decirte que te vayas.

DISCONTINUIDADES

Me puse a soñar el poema de la hora.
VINICIUS DE MORAES

I

Algo así debió ser el futuro:
Venir a nacer a este desierto.
A morir. A cobrar venganza.

Has negado, he negado tres veces la misma sombra
y ahora nos pertenece su pregunta:
¿venimos a nacer de nuevo
o a soñar que alguna vez nacimos?

II

Ya he encontrado, has encontrado el centro de mi sendero.
He colocado mi ahora en sus laberintos.
Mi boca miente ante el dolor.

Mi carne no deja de culparse ante el espejo.

III

Nunca como ahora,

la noche persigue con tanta furia a su amo.

Tres estrellas resucitan en mis palmas.

El tiempo es una casa sin paredes.

IV

Algo como esto deberá ser el pasado.

Una gota que asciende. Un grito que calla.

Un país sin territorios.

TRASLACIÓN

Nos aferramos al tiempo como si fuese fiable.
Nos afianzamos a este raro imperio sin memoria,
a este no volver a vernos,
a estas sábanas cada vez más frías,
a este tibio café de madrugada,
a este borde de suspiro sin colores
y a su diario ciclo de ceniza.

Todo nos terminará cubriendo.

DEL QUE CAMINA

La luz danza hasta estrellarse contra la calzada
y hacer que un charco de aceite en el pavimento
simule ser arcoíris.

En la esquina un niño corre;
desde la segunda planta de una casa vecina
una mujer lo observa todo y llora.

He caminado tanto, tanto…
Me he acostumbrado al ruido de la radio sin estaciones.
A esta realidad inconclusa.
Al tic tac indiferente que nos ataca las ganas.

–No creo encontrar taxi disponible en este momento–
Corro, pero sé que no lograré
marcharme a tiempo de mi cabeza.
Tanto he caminado, tanto…
Que ahora me parecen trágicas estas calles sin salida.
Que ahora me parece irónico
estar atrapado para siempre en esta hora.

Cuerdas

Acaso la memoria sea el eco de la secreta melodía del origen.
BEATRIZ VILLACAÑAS

Somos nuestra memoria, somos ese quimérico museo de formas inconstantes, ese montón de espejos rotos.
JORGE LUIS BORGES

1 (Marie Curie al caer la noche)

Marie prepara la cama.
Sus manos arden. Sus huesos golpean.
Bajo las sábanas su muerte más querida
se hace un nido entre el insomnio
y la luminiscencia de su pecho.

Marie prepara la cama.
Respira profundo.
Con cuidado separa su nombre del olvido.
Ha descubierto sus huellas a través del electrómetro
y ahora su aliento está a merced de lo invisible.

2 (Desde la sombra de un árbol, Han Fook reescribe el camino)

De un cuento de Herman Hesse

Plasmar al mundo en una imagen.
Recitar el cielo hasta llorar.
Poder decir gato, mares, beso.
Y que me sean tangibles todos sus colores.

Liberar al día de su angustia.
Atrapar las miradas de los amantes entre cuatro palabras.
Atesorar en un mismo verso
la risa y la lágrima de todas las ciudades.

Plasmar al mundo en una imagen.
Poner la mano sobre la noche sin que duela
para así poder exponer la profunda conciencia de las cosas.

Que este canto revele el camino hacia el invierno,
desde las raíces del abrazo hasta el paso delicado
de una araña sobre el agua.
Que cada signo logre lo que el ser ignora. Pasado. Futuro.
Que el poema extinga lo que el mal engendra.

3 (De una fotografía de D. Webb)

Un hombre
–como decir un niño al que se le impone olvidar–
es ahora todo y nada.
El olvido delante de sus ojos fulgura como escarcha,
pero no huye.
Se derrite, se condensa, se propaga,
como la sombra a su alrededor, pero no huye..
–Piromanía elemental– diría el caminante.
Y el aire...
El susurro de la noche es solo la estantería donde coloca su alma.
–Elocuencia lumínica– diría el silencio.
Para el niño de la cámara,
recordar es arte.

4 (Galileo escribe)

¡Pensar, pensar hasta escabullirse!
Dejar caer una palabra. Dejar caer una piedra.
Notar cómo tocan el suelo al unísono.

Defender el movimiento del agua.
Dirigir la lente al cielo con la mirada atenta.
Distinguir las cicatrices del hierofante. Y jamás callar.

Un grito rodea eternizado el corazón de Júpiter:
¡Pensar, pensar hasta que duela!
Sufrir el tedio de la incógnita, la ceguera de los días,
el insomnio, la soledad del que sueña. Sufrirlo todo
y sin embargo observar con gusto cómo se mueve
lo que el mundo creía estático.

5 (Feynman en vigilia)

Un genio habla de partículas sin tiempo.
De movimientos inexactos. De susurros.

Ensimismado entre símbolos
juega a repensar el universo, redescubre la materia,
pone en duda su verdad.

En sus números toma forma la desmentira,
la razón de la luz, el palpitar de la pregunta.

Es en su alma donde el hombre se hace átomo,
donde el mundo cambia de rincones
y la naturaleza resucita.

6 (Madrigal)

Este poema se opone a la tristeza.
Sin embargo, se contradice ahora
al querer terminar el último verso imaginándote

7 (Leyendo a Leopardi)

Cubierto de polvo me encuentro, te encuentro,
al lado del escritorio,
con una mezcla de palabra y sal acumulándose en mi boca.

No basta traducir a los antiguos
si el aire calla melancólico esperando nuestras voces.
Afuera la luna se desnuda para nosotros,
siempre para nosotros,
y con los senos disfrazados de constelaciones
se alza en el cielo
para dictarnos los misterios de este tiempo.

El resto es una noria que nunca descansa;
Un ínfimo destello disoluto.
No fuimos más que jóvenes
jugando a desequilibrar el lenguaje.

Para ellos, no somos más que atormentados;
discípulos de un deseo absurdo,
cantores que serán devorados por su presente ajeno.
El dolor hambriento por la palabra

sin embargo te sostiene, me sostiene.
Con cada estrofa una lágrima.
Una lágrima inevitable con cada estrofa.

(Una mezcla de vaho y sentimiento
se abre camino con el lápiz).
Ya no tanteo tu voz. No queda nada.
A esta hora,
junto al escritorio,
un poema intenta prolongar el infinito.

8 (Blanca y sombra)

La muerte es un secreto de enterrados jardines.

GONZÁLEZ CARBALHO

Esta voz es mi sueño, el poema de mi carne,
la noche que duerme boca arriba sobre mi alma.

Esta voz es mi sueño, el contrasentido de un reloj
que despierta a la luna, arrullando el sitio exacto
donde el polo sur del corazón
y el meridiano de la sombra
se trastocan y se mezclan.

Yo te nombro, pequeña ave del recuerdo
que niega a la muerte y la bendice.
Así te nombro, en las entrañas de este mundo
que no sabe amar sin morir, que no sabe ver sin llorar.

Te nombro y sobrevuelas la noche que perfora mi pecho
sin decir una palabra: el polo sur del corazón,
el meridiano de aquel signo
donde se trastocan y se mezclan las pasiones;

se dejan hilar, se confunden, y es un solo murmullo
el que brilla, veneno de serpiente en nuestra boca
que no cesa ni desaparece.

Así vendrán los que se han marchado,
caminando entre espinas.
Así se cierra la llanura, la puerta enferma bajo tu cama.

No verás la brisa atravesar paredes
No te verán posar los ojos sobre el destiempo.

Te fuiste hecha océano, a imagen y semejanza del delirio.
Te fuiste sigilosa, a través de esa madrugada
que la poesía dejó para nosotros.

Es esta voz tu sueño. El poema de tu carne.
Son estas las razones del regreso, la fatiga, la canción,
la noche que duerme boca arriba sobre mi alma,
el despertar de esta luna que hoy anuda a mis raíces
tus raíces.

9 (Sofía en el principio)

a S. Zúñiga

A mitad del caos, una mujer toca el ukelele.
Sus dedos son un dios sin templo
entre las cuerdas de la noche.
En sus ojos todos los astros obtienen sus órbitas.
Y surge el cielo de su voz entristecida.
Y la tierra se levanta de su vientre
con sus bosques y sus aguas.

Una mujer reconstruye un universo desde el primer acorde.
Da forma al espacio entre sus notas,
improvisa al tiempo con cada galaxia.

10 (Duerme Ifigenia)

Un hombre grita su cordura
al observar cómo cae a sus pies desfallecida
una parte de su alma.
Esta noche es un recuerdo.
Desde lo alto llega hasta nosotros
aquel murmullo,
una estrofa encadenada a la perfecta profecía:
se estrellará contra la costa una paloma
y serán tus manos las que sepulten su cuerpo bajo la arena.

Lejos, en el horizonte, mil reyes se levantarán
mientras dos pechos
se entrelazan entre la sombra más constante.
El océano alzará su tridente
cuando la luna solitaria llore toda la luz de su amargura.

Esta misma noche, algún niño soñará
que un caballo de fuego corre sigiloso
sobre el rostro descubierto de una mujer eternizada.

11 (De los ojos de Teseo)

Te digo adiós, atando mis pies al humo,
tejiendo una ciudad en llamas bajo mi pecho.

El océano jamás recitará la última noche.
Dormirán como ahora sus leyendas,
el vasto horizonte a contraluna, el susurro más humano.

La palabra que ahora destilo no sabe nombrarte.
(No hay más luz para nosotros).
Esta distancia será
la pieza final del laberinto.

12 (Alejandra recita)

Significar lo que significa una cicatriz.
Para encontrar el sitio indicado.
Para permanecer cuando el día huya.
Te observo en este vaivén de elegías
en este encontrar, encontrarte, sola
frente al reflejo distorsionado.
Sin poder pronunciar. Con las manos atadas.
Sin poder expresar lo que te trae el vértigo.
Sin poder lograr lo que te atrae al vértigo.

13 (Epitafios)

La noche es larga pero ya ha pasado.
VICENTE ALEIXANDRE

I

Hay un sinfín de cosas rotas que uno no puede nombrar
sin desmoronarse.
Hay un sinfín de cosas rotas de las que uno no puede
escapar sin ligaduras.

II

Aunque hubiera existido una mirada capaz de apaciguar
aquella desolación,
de igual manera su voz
estaría como ahora, mimetizada con el viento.

III

Tal vez pudo ser, pero no. Aquí yace la última noche.
Aquí yace una estrofa sin música del gran poema.

IV

Alguien llora. Aquí yace una espina del universo.

Ser la gravedad de la caída

El espacio dice a la materia cómo debe moverse;
la materia con su gravedad dice al espacio cómo debe curvarse.

JOHN ARCHIBALD

Yo voces. Yo el gran salto.

ALEJANDRA PIZARNIK

Gusto adquirido

Tarde o temprano,
todos le empezamos a tomar gusto
a esta manía de hacer origami con hojas secas.

AQUÍ ENTRE NOSOTROS

Se alzan puentes y recuerdos,
voces, voces; espinas del pasado.
Somos, quizá, esos dos caminantes
que por primera vez levantan la mirada
y notan cómo su mundo se deforma ante ellos,
hasta darle vida a otro mundo más pequeño y fugaz.

La ciudad respira, diminuta, en sus regazos
como un animal asustado
que decide ocultarse
tras el tronco de un árbol caído.

El día llega luego, con su tinte y su aroma,
arrastrando sobre ellos la melancolía cotidiana.

Somos algo más que esos dos cuerpos
que se buscan y se reconocen, indefensos,
temblando de nostalgia.

TODA LA NOCHE

a M.

I

En la oscuridad se entienden mejor los cuerpos;
ninguna llama interrumpe su ritual.
El aguacero puede recitar en altavoz
sin despertar a los niños.
En la oscuridad,
el cielo es un mapa sobre una pluma de quetzal.

II

La habitación sin tu presencia es un mal invento,
un lugar común: un espacio ingobernable
sin centro ni alma,
donde los labios no besan, los refugios no existen
y el eco no habla.

III

¿Basta un recuerdo para hacer el amor?
Sin tu desnudez,
la noche es solo una palabra sin etimología.

Posibilidades en el silencio

Hablar o no hacerlo;
callar como remedio o gritar por puro síntoma.

Abrazar los fantasmas propios,
por ego o pasatiempo,
o no hacerlo y, en cambio,
atarse los pies a un águila.

Sobrevolar la ciudad: romper la neblina,
escarbar en los recuerdos más profundos
un tacto ajeno.

Construir epitafios con saliva.
O no hacerlo;
y dejarse caer
en esta cercana soledad incandescente.

AMÉN

a C. Angulo

Mientras mueren las campanas de la angustia
un hombre grita su soledad con una llama entre las manos.
No hay señales. Estamos solos.
¡Qué duerman los que temen de sí mismos!

Cayeron las murallas. Han sido derrumbadas en las entrañas
del tiempo.
Hoy nos levantamos como especie entre sus cenizas.
Caminamos con firmeza sobre el polvo originario.

Disipado ha sido el humo en nuestro aliento,
en la pregunta de un niño extraviado,
en un ademán de despedida.

La habitación es clara. ¡Nos tenemos, nos tenemos!
Solos, más solos que nunca,
nos tenemos.

Somos todos caminantes.

Todos caminantes del recuerdo hacia la nada.

Que nos arrastre el temporal hasta las venas de la costa.

Que llueva si es necesario.

Que renazca la pasión en nuestra selva.

Alguien izará con orgullo nuestra finitud.

Estamos solos.

Y así, más solos que nunca,

cantaremos la caída.

Lo latente

Hoy, mientras caminaba de regreso a casa,
una mujer me ha confundido con mi padre:
ha visto en mí sus ojos.
Ha reconocido en mí su figura opaca.
Según ella, mis pasos no saben disimular su sangre.

Esta tarde, una mujer me ha confundido con mi padre:
ha notado en mí sus rasgos, su aroma, su postura.
Ha visto en mí sus manos y sus cejas.
Según ella, tenemos tanto en común.

Me pregunto cuánta de su ausencia
seguirán reconociendo en mi camino.

AL LÍMITE DE LA CARNE

Bajo la tarde nadie canta.
Una metáfora atraviesa la dulzura,
pero la canción nace sorda.

Una visión me muestra la blancura en la otra orilla.
Imágenes etéreas. Una lámpara para todos en cada árbol.

Aquí las palabras vuelan tras la tarde
buscando su consuelo,
pero la tarde no sabe detenerse.

Esta vez, inmerso en sus metáforas,
el hombre es una oración impronunciable.

ECLIPSE

Una mujer con una rosa en el pecho
me mira de frente.
Sin rastro de duda en sus pupilas,
me lee en pocos segundos, me abraza
e intenta poner su luz sobre mi cuerpo.

La mujer con la rosa entre sus senos
me busca con un sol en los latidos.
Hace lo posible por comprender.

Yo, con la noche en la punta de la lengua,
me limito a besarla antes de marcharme
sin decir una palabra
con su aroma
aún abismado en mi cariño.

DEL INCAPAZ

Amor de qué te sirve un poeta
él solo tiene palabras, soledad y palabras.
OSVALDO SAUMA

Puedo responder con claridad
cuál es el color exacto de un sentimiento que sucumbe,
cuál es la velocidad del amor en el vacío
o cuántos senderos existen para buscar una lágrima.

No me pregunten por el fuego
o por el beso y sus mitologías.
No me pregunten por cosas vivas.
Hoy, en mi pecho, solo nace incertidumbre.

Mayo 26

Uno
podría ser
ese abejón
que insiste en golpearse
una y otra vez
en la misma lámpara,
de la misma calle,
con la misma fuerza.

NO PODRÁS RECONOCERME

Estaré inmerso en tu distancia,
pase lo que pase, diga lo que diga.
Estaré encadenado
tras esta ciudad que palpita entre nosotros.
Y seré yo el que nunca sonríe ante el espejo,
el que nunca baila.

Estaré perdido y exhausto, buscando en la soledad
otro recuerdo que te sostenga,
que te logre mantener aquí, un poco más.

Estaré inmerso en tu distancia.
Nadie podrá hallar un lugar a salvo en mis rincones
(no podrán, no sabrán quién soy)
Mi cuerpo será una estatua.

No seré yo el que transcriba otro poema,
no podrás reconocerme,
no seré yo este hombre que ama,
no seré yo este hombre ni ningún otro.

Del que cae

¿De qué me servirá tanta piel en el desierto?
La habitación ha sido mentira.
Dibujos, solo dibujos, son las paredes,
un cuervo de débiles trazos, un nombre que no existe,
una figura humana extendiendo los brazos al cielo.
La luz ha caído. La verdadera luz ha caído.
El paladar de la tarde saborea los últimos llamados.

REFRACCIÓN

En este preciso momento uno escribe para salvarse.
Para encontrar al otro. Para olvidar y no olvidar.

¿Cuánto de mí habitará en la palabra?
Donde el bulevar es solo la maqueta del tiempo.
Donde el agua retuerce y manipula la luz.
Donde una pareja se ama sin censura.

Justamente ahí,
donde uno toma conciencia de lo inevitable.
¿Cuánto de mí estará poseído por el polvo?

Aguas

Dos pequeñas olas para ahogarme.

JACQUES PREVERT

El agua es un caos sensible.

NOVALIS

ALTAMAR

Apago la última lámpara del universo.

Ahora sí:

tenemos todo el océano para nosotros.

TIERRA

El viento arrastra las hojas como jugando.
El suelo eriza los tallos.
Escucho la antigua danza del bambú.
Toco sus cicatrices con mis palmas.
Inclino ante mí el rocío.
Más allá, un crujido convoca al aire.
La respiración de esa madre que abraza la mañana
donde un río se vuelve beso;
prenda de un horizonte sin dueño.
Escucho la antigua danza del bambú.
Intento beber su vacío.
Embriagarme con sus espirales hasta descifrar su misterio.
Encadenarme a su eje hasta atravesar sus raíces.
Permíteme, señora, sobrevivir otro día a la palabra
para poder decir tierra
sin que se me vuelva pesada la sangre.

UNO NO PUEDE EVITAR

Uno no puede evitar tener preferencias.
La lluvia en el techo en lugar del bullicio.
La jardinería en lugar de la alquimia.
La noche casi muerta en lugar del murmullo.
La luna perenne en lugar de la costa.
Tu voz en lugar del silencio.
Uno no puede evitar temer debilidades.

PUNTOS Y SINESTESIAS

Esa fragancia a ópalo que resulta de hacer el amor
bajo la ducha caliente.
Ese insoportable sabor a sepia que dejan las partidas
sin previo aviso.
El sonido a sangre palpitando en cada prenda.
Los años incesantes
que nos queman los talones con cada paso.
Esa sensación a luna que exhala tu nombre en la soledad.
Los amores que no terminan de morder.
El tacto a libro de tus senos.
Y el eco agridulce de esta caricia,
son lo único que nos detiene, ahora,
segundos antes de caer.

ACTIO

a N.

Vivo fue la polvareda de cosmos en el poema
MARIO PAYERAS

I

Célula de raíz. Glóbulo rojo.
Engranaje del sentido.
Esqueleto de la razón sin coraza.

II

Gluglú entre cuatro paredes de la historia:
digo araña y nos recorren sus ochos patas los oídos.
digo escalofríos y se nos eriza el lenguaje.
digo alba y amanece. Digo virus y tiembla el sistema
inmunológico. Digo fuego y los pájaros huyen.

III

Palabra; polvo léxico, epifanía.

Gota. Anestesia local. Pecado y milagro.

Una hipótesis de la creación en un solo Eureka.

Marea. Neurona. Bosque sin salida.

Troya desnuda en brazos de Alejandro.

La capital en una fotografía volátil, inútil.

Palabras. Palabras y nosotros sus esclavos,

dioses a la deriva, caminando sobre sus aguas.

LLOVIZNA

Frío.

Frío.

Son

pocos

los que

saben amar

bajo la lluvia.

EL VIENTO NO SABE QUE EXISTO

Vuelvo con el agua fresca y la ataraxia de los parques.
En mis ojos se entrecierra el cielo.
Espacios infrahumanos atesoran historias y cicatrices.

Se desviste el día en la boca de las aves:
una herida de garúa entre las ramas.

En la ciudad de las estatuas
una crisálida oculta el secreto del arrebol.

Y el rastro de un fénix entre la monotonía
apenas se distingue
desde las ventanas de mi último piso.

RETRATO A LÁPIZ DE UN NIÑO QUE LLORA

Nebulosas incoloras sostienen su angustia hecha materia
mientras un anhelo baja
y baila suspendido en la falta de oxígeno.

Una vibración límbica conduce sus lágrimas sin equilibrio.
Contiguo a la tormenta
la filosofía del llanto se condensa en un segundo.

El espacio alrededor se yuxtapone al tiempo.

La infancia pedalea en su maraña de emociones.
Todo será silencio:
el pulso intermitente; la metafísica del espíritu.

Una gota de cordura se inclina delicada
al final de un hilo transparente.

Nace entonces el agua del rocío, la sal de las lagunas
y del valle de las sombras.

La última lágrima cae y el ser se remonta a su esencia.

La última lágrima cae y con su trayectoria

la vida articula su legado.

LO MÁS ÍNTIMO

a Y. Reyes.

Será una sola la memoria
de la carne.

Caeré sobre tu cuerpo
como una ola,
como un abrazo,
como una pincelada de estrella sobre tu vientre,
sobre el espacio exacto
de tu silueta
donde uno se despoja del beso
para transmutar en río.

En lo más íntimo de ese ritual,
existiré, existirás
y Dios dejará de ser misterio
para volverse melodía.

Comprobaré su alma

degustaré sus ritmos;
tu lengua conjugándose sobre el valle de mi pecho
bebiendo todos los pecados que
resguardo orgulloso.

Caeré,
consumiré mi sombra
en tus rincones
en cada palabra puesta por tí
sobre el tiempo,
como un riesgo necesario,
como el mejor atrevimiento
de la magia en este mundo.

Caer caer, sucedernos.
Palpar el último
buen presentimiento que nos queda.

Confundiremos
cada uno de nuestros hábitos,
mi aroma favorito,
los secretos que atesoras.

Te revestiré con mi aliento
hasta que me reconozcas
entre las líneas de tus manos,
y allí,
aferrado a tu infinito tacto,
yo seré un sol
que se niega a la tarde.

Negativa última

El mar nunca ha sido amigo del hombre…

Joseph Conrad

Pase lo que pase, me niego a morir cerca del mar.
No quiero escribir mi despedida con espuma.
Ni ser el que resucita de las entrañas de la costa,
con cada luna llena.
Me niego a morir cerca del mar.
Me opongo a que sus aguas abriguen mi muerte.
¿De qué me servirían las lágrimas de sus corolas
o el canto gozoso de las aves que regresan?
Me niego a dejar mis penas
flotando sin destino en la corriente.
Me opongo a la marea después de mi último latido.
Me opongo a la marea.
Quiero una muerte silenciosa
como el segundo después de la tormenta.
Una muerte silenciosa, para así escuchar con atención
cómo cae mi último punto de realidad sobre esta tierra.

Ser en sueños

Soy el polvo de estrellas que duerme en el fango.

ROBERTO BRENES MESÉN

Cuando se muere alguien que nos sueña,
se muere una parte de nosotros.

MIGUEL DE UNAMUNO

El poeta, caminando la noche, tan solo es un indefenso animal que sueña.

El poeta, caminando la noche,
es un diminuto animal que ruge,
que taladra la ciudad con su trayecto cotidiano
y la respira
y se respira.

No lo puede todo.
No lo puede todo ni lo intenta.

El poeta, caminando la noche,
tan solo es una diminuta luz que parpadea,
un animal indefenso que sueña
y que no sabe dejar de soñar.

DEL QUE ESCUCHA

Escucho ruido de caballos que huyen de la lluvia.

FELIPE GRANADOS

Este palpitar relata la biografía de alguien que no soy.
Me cierne las entrañas su pesadez ajena.
Esta memoria de sangre que me orbita el alma
y que de pronto recuerda rostros jamás vistos,
caricias jamás dadas, voces, siluetas, heridas.
Todo lo ofrecido me es extraño.
Todo lo que doy parece inútil.
Busca mi sueño el camino a otra tierra,
el camino más áspero hacia el otro lado.
Pálpito a pálpito mi palabra señala el rumbo desconocido;
la niebla revela otro nombre.
Dormiré el regreso, me digo.
Dormiré la náusea y el pantano
hasta que haya desaparecido el último espejo,
hasta que deje de ser mía toda la culpa.

Del que extraña lo que no conoce

a V.

A pesar de que nunca nos hemos acercado juntos al silencio
ni hemos conversado sobre nuestras infancias
mientras la tarde se nos apagaba encima.

A pesar de que nunca
nos hemos recitado
nuestros poemas favoritos,
acurrucados en un mismo aliento.

A pesar de que esta distancia entre los dos
jamás ha sido derrotada,
y de que el tiempo
aún no ha sido corregido en nuestro abrazo.

Te extraño como nunca esta noche.
Extraño esa boca tuya que no conozco
y esa mirada que se esconde sin querer de la mía.

Extraño tu cuerpo tan desconocido;
tu silueta a contraluz en mi sombra.
Extraño el gemido de esas madrugadas
que nunca han sido nuestras.

A pesar de que ahora mismo
extrañarte no me basta,
te escribo
como si con escribir se curvase el mundo.

Escribo.
Esta noche me haces falta.

Sueño con segundos

Un dedo golpea mi garganta
al compás de los segundos de un reloj.
El cielo rechina.
Las calles parecen gotas de porcelana.

Un ser invisible me sostiene:
juega conmigo,
me levanta,
me deja caer,
me recoge antes de impactar la tierra,
me levanta,
me deja caer.

Su dedo golpea mi garganta
al compás de una aguja minutero.
–Cuarenta y ocho segundos para decir lo que quiera–,
me repite una voz suprahumana.
–Cuarenta y ocho segundos–.
A lo lejos el rugir de un relámpago
me advierte el inicio de la cuenta.

El dedo en mi garganta cada vez más pesado
y yo sin poder moverme
empiezo a dudar de mi existencia.
Cuarenta. Cuarenta y uno.
Cuarenta y dos. Cuarenta y tres. Y aún no amanece.

Intento respirar,
pero el dedo en mi tráquea sigue martillando.
Cuarenta y cuatro. Cuarenta y cinco. Martillando.
Cuarenta y seis.

El tiempo carece de misericordia. El aire huye.
La humanidad parece haber abandonado mi cuerpo.

Cuarenta y siete.
Aún no sé si sueño.
Me levanto. Caigo. Me levanto.
–Perdónenlos porque no sé lo que hacen–.
Me asfixio. Tiemblo. Aún no sé si existo.
Cuarenta y ocho.
Las luces se apagan.
Aún no sé si existo.

Dejo espacio para que me encuentres

Para que llegues sin obligaciones
a lo más profundo de mi pecho
y escarbes, escarbes sin problemas
hasta descubrirme tirado
en una de las aceras de mi propia carne,
consumiéndome la voz en el poema
que se cierra ensimismado, que no existe.

Dejo espacio,
atrapo con las manos el ruido,
las pinturas que no dicen nada,
el destino de barco anclado en una espera,
el aroma del verbo corrompido que te busca.

Dejo espacio para que así rescates lo que aún me queda,
al animal, al buitre que persigue,
a la fecha exacta en la que nada era lo que era.

Que lo rescates y lo confundas
y lo retengas entre tus fotografías,

entre tu lengua y la de otro, si así lo quieres,
entre el beso tuyo y el del otro.
No pidas que resguarde lo que no tengo, lo que me falta.
Dejo espacio para que me encuentres, eso sí,
y para que puedas decir, decirme,
lo que ahora desconozco de mí mismo
y para que puedas oír, oírme, transmutarme en barro,
quebrantarme,
volverme pluma y regresar.

Del que no puede

No poder dormir. No poder.
Escribir en las paredes: amarillo, aguja, vientre.
Y sentir que la palabra siente, a pesar del mundo.
Y sentir que somos sombras.
Llorar, creer,
volverse carne, cama, soneto olvidado,
boca que miente improvisando desde la cuna.
No poder dormir. No poder.
Ser demasiado frágil. Temer al sueño.

Gritar:
nosotros somos de los que saltan al vacío
sin ataduras.

Y sin embargo seguir escribiendo en las paredes:
amarillo, aguja, vientre.
Y sin embargo seguir muriendo.

Cenit

Como en un sueño vívido,
ha llegado el ocaso.

Un hombre traza una constelación con su caricia.

A su lado se desnuda,
imponente,
una galaxia.

PAREDES

a A. Mora.

Sentís la pared de al lado, sentís su rugoso firmamento,
cada uno de sus límites,
y dejás caer tus brazos sobre el lecho,
y dejás caer tu cuerpo.
Caminás la oscuridad de la materia,
sus formales tejidos, su rostro descalzado. Y no queda nada.
Y no ves nada.
En un momento la pared es fría y constante
y al otro instante perdés el rumbo,
pasás a estar suspendido en un mundo ajeno y desconocido.
Tus manos sudan, buscando orientarse,
a mitad de lo que no es tuyo ni de nadie.
Tu cuerpo entonces se endereza,
palpa el cielorraso con las uñas, detiene el segundo
que baja hasta tu pecho como un ave,
y desarraiga tus raíces todavía aunadas

a los talones de las sábanas.
Antes fueron otros los que perdieron de tal manera
el camino.
La historia se repite.
Ahora mismo sos vos
el fantasma extraviado en su propia cama.
Poco importa, poco importa ahora.
Tu cuerpo se hunde y patalea.
Por fin te reconocés.
Por fin reconocés a un lado
la pared que creías mentira.
Se hace claro el dios que vuelve a posar su ojo milagroso
sobre lo efímero.
Dejás de ser el que naufraga la noche.
Dejás de estar perdido en las grietas de tu propia carne.

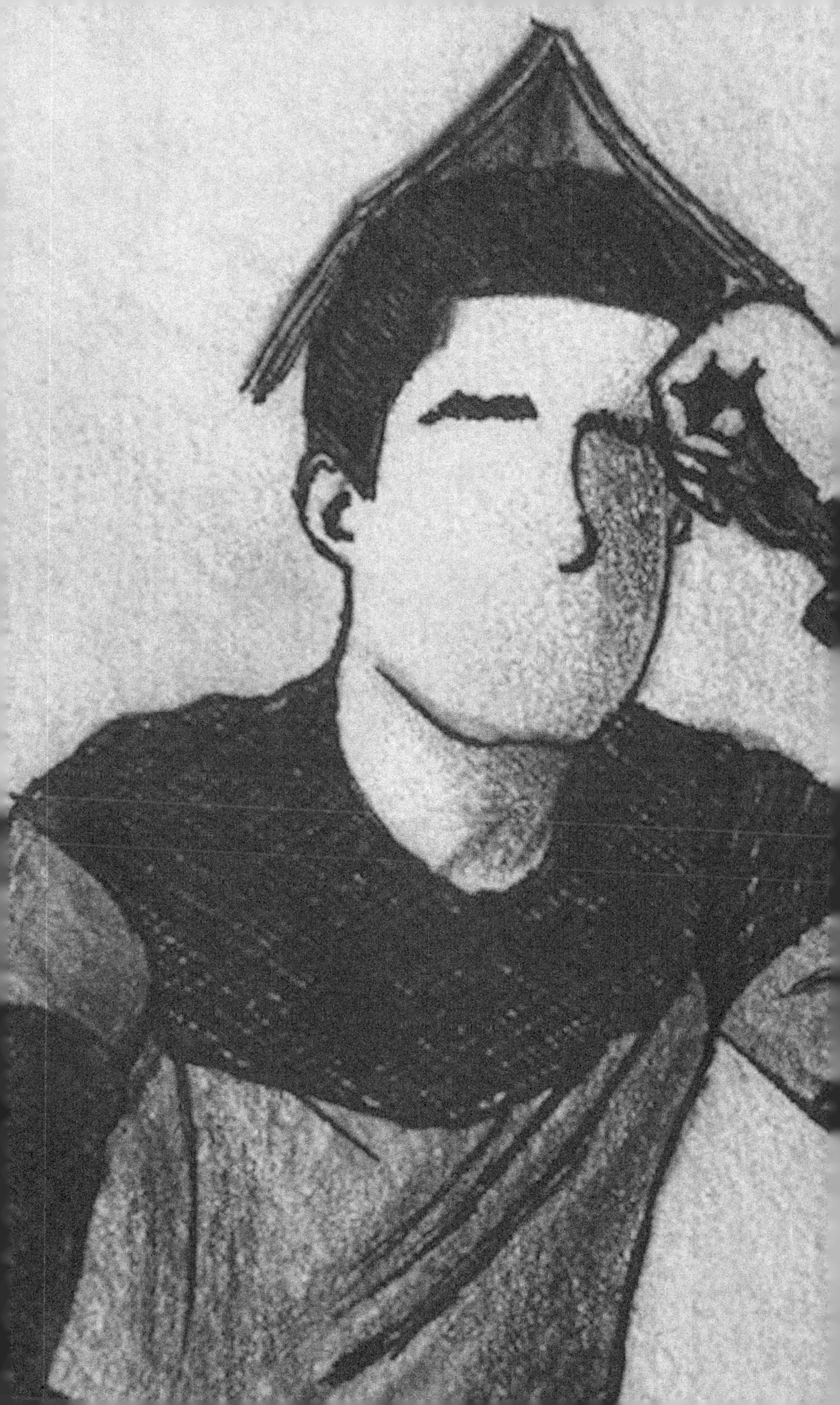

Acerca del autor

Byron Alberto Ramírez Agüero nació en San José, Costa Rica, un 26 de Mayo de 1997. Actualmente cursa las carreras de Filología española y Filosofía en la Universidad de Costa Rica (UCR). Es miembro activo del taller y grupo literario Francisco Zúñiga Díaz y del colectivo Casa-Palabra. Es editor de la Editorial Estudiantil UCR y fundador-coordinador del proyecto cultural Juventud Interna. Varios de sus poemas han sido publicados tanto en revistas nacionales como internacionales. Ha participado en múltiples recitales de poesía y conversatorios de literatura.

ÍNDICE

Entropías

SER PARA EL TIEMPO

CUERDAS

Ser la gravedad de la caída

Aguas

SER EN SUEÑOS

Colección
PIEDRA DE LA LOCURA
Antologías personales
(Homenaje a Alejandra Pizarnik)

1
Colección Particular
Juan Carlos Olivas

2
Kafka en la aldea de la hipnosis
Javier Alvarado

3
Memoria incendiada
Homero Carvalho Oliva

4
Ritual de la memoria
Waldo Leyva

5
Poemas del reencuentro
Julieta Dobles

Colección
MUSEO SALVAJE
(Homenaje a Olga Orozco)

1
La imperfección del deseo
Adrián Cadavid

2
La sal de la locura
Fredy Yezzed

3
El idioma de los parques / TheLanguage of theParks
Marisa Russo

4
Los días de Ellwood
Manuel Adrián López

5
Los dictados del mar
William Velásquez Vásquez

6
Paisaje nihilista
Susan Campos-Fonseca

7
La doncella sin manos / The maiden without hands
Magdalena Camargo Lemieszek

8
Disidencia
Katherine Medina Rondón

9

Danza de cuatro brazos

Silvia Siller

10

El más furioso de los perros / The most furious of dogs

Randall Röque

11

El rumor de las cosas

Linda Morales Caballero

12

El país de las palabras rotas

Juan Esteban Londoño

Colección
EL TRÁNSITO DE FUEGO
(Homenaje a Eunice Odio)

1
41 meses en pausa
Rebeca Bolaños Cubillo

2
La infancia es una película de culto
Dennis Ávila

3
Luces
Marianela Tortós Albán

4
La voz que duerme entre las piedras
Luis Esteban Rodríguez Romero

5
Solo
César Angulo Navarro

6
Échele miel
Cristopher Montero Corrales

7
La quinta esquina del cuadrilátero
Paola Valverde

Colección
LABIOS EN LLAMAS
(Homenaje a Lydia Dávila)

1
Fiesta equivocada
Lucía Carvalho

2
Entropías
Byron Ramírez Agüero

◆◆◆

Colección
MUNDO DEL REVÉS
(Homenaje a María Elena Walsh)

1
El amor es un gigantosaurio observando el mar
Minor Arias Uva

Colección
SOBREVIVO
(Homenaje a Claribel Alegría)

1
#@nicaragüita
María Palitachi

◆◆◆

Colección
PARED CONTIGUA
(Homenaje a María Victoria Atencia)

1
La orilla libre
Pedro Larrea

2
Pan negro
Antonio Agudelo

Para los que piensan, como Albert Camus, que la obra de un hombre no es otra cosa que esa lenta caminata para redescubrir, mediante el arte, esas dos o tres grandes y sencillas imágenes en cuya presencia abrió su corazón, este libro se terminó de imprimir en el mes de agosto de 2018 en los Estados Unidos de América.

Made in the USA
Monee, IL
10 September 2026

62770890R00073